Follow us on:

https://www.instagram.com/editionruush/

Juni

Woche 27

29.06.20 bis 05.07.20

○ 29. MONTAG

○ 30. DIENSTAG

○ 1. MITTWOCH

Juli

Woche 27

29.06.20 bis 05.07.20

M	D	M	D	F	S	S
		1	2	3	4	5
6	7	8	9	10	11	12
13	14	15	16	17	18	19
20	21	22	23	24	25	26
27	28	29	30	31		

○ 2. DONNERSTAG

○ 3. FREITAG

○ 4. SAMSTAG

○ 5. SONNTAG

Juli

Woche 28

06.07.20 bis 12.07.20

M	D	M	D	F	S	S
		1	2	3	4	5
6	7	8	9	10	11	12
13	14	15	16	17	18	19
20	21	22	23	24	25	26
27	28	29	30	31		

○ 6. MONTAG

○ 7. DIENSTAG

○ 8. MITTWOCH

Juli

Woche 28

06.07.20 bis 12.07.20

M	D	M	D	F	S	S
		1	2	3	4	5
6	7	8	9	10	11	12
13	14	15	16	17	18	19
20	21	22	23	24	25	26
27	28	29	30	31		

○ 9. DONNERSTAG

○ 10. FREITAG

○ 11. SAMSTAG

○ 12. SONNTAG

M	D	M	D	F	S	S
		1	2	3	4	5
6	7	8	9	10	11	12
13	14	15	16	17	18	19
20	21	22	23	24	25	26
27	28	29	30	31		

○ 13. MONTAG

○ 14. DIENSTAG

○ 15. MITTWOCH

Juli

Woche 29
13.07.20 bis 19.07.20

M	D	M	D	F	S	S
		1	2	3	4	5
6	7	8	9	10	11	12
13	14	15	16	17	18	19
20	21	22	23	24	25	26
27	28	29	30	31		

○ 16. DONNERSTAG

○ 17. FREITAG

○ 18. SAMSTAG

○ 19. SONNTAG

Juli

M	D	M	D	F	S	S
		1	2	3	4	5
6	7	8	9	10	11	12
13	14	15	16	17	18	19
20	21	22	23	24	25	26
27	28	29	30	31		

○ 20. MONTAG

○ 21. DIENSTAG

○ 22. MITTWOCH

Juli

Woche 30
20.07.20 bis 26.07.20

M	D	M	D	F	S	S
		1	2	3	4	5
6	7	8	9	10	11	12
13	14	15	16	17	18	19
20	21	22	23	24	25	26
27	28	29	30	31		

○ 23. DONNERSTAG

○ 24. FREITAG

○ 25. SAMSTAG

○ 26. SONNTAG

Juli

Woche 31

27.07.20 bis 02.08.20

M	D	M	D	F	S	S
		1	2	3	4	5
6	7	8	9	10	11	12
13	14	15	16	17	18	19
20	21	22	23	24	25	26
27	28	29	30	31		

○ 27. MONTAG

○ 28. DIENSTAG

○ 29. MITTWOCH

Juli

Woche 31

27.07.20 bis 02.08.20

M	D	M	D	F	S	S
		1	2	3	4	5
6	7	8	9	10	11	12
13	14	15	16	17	18	19
20	21	22	23	24	25	26
27	28	29	30	31		

◯ 30. DONNERSTAG

◯ 31. FREITAG

◯ 1. SAMSTAG

◯ 2. SONNTAG

August

Woche 32

03.08.20 bis 09.08.20

M	D	M	D	F	S	S
					1	2
3	4	5	6	7	8	9
10	11	12	13	14	15	16
17	18	19	20	21	22	23
24	25	26	27	28	29	30
31						

◯ 3. MONTAG

◯ 4. DIENSTAG

◯ 5. MITTWOCH

August

Woche 32

03.08.20 bis 09.08.20

M	D	M	D	F	S	S
					1	2
3	4	5	6	7	8	9
10	11	12	13	14	15	16
17	18	19	20	21	22	23
24	25	26	27	28	29	30
31						

○ 6. DONNERSTAG

○ 7. FREITAG

○ 8. SAMSTAG

○ 9. SONNTAG

August

Woche 33

10.08.20 bis 16.08.20

M	D	M	D	F	S	S
					1	2
3	4	5	6	7	8	9
10	11	12	13	14	15	16
17	18	19	20	21	22	23
24	25	26	27	28	29	30
31						

○ 10. MONTAG

○ 11. DIENSTAG

○ 12. MITTWOCH

August

Woche 33

10.08.20 bis 16.08.20

M	D	M	D	F	S	S
					1	2
3	4	5	6	7	8	9
10	11	12	13	14	15	16
17	18	19	20	21	22	23
24	25	26	27	28	29	30
31						

○ 13. DONNERSTAG

○ 14. FREITAG

○ 15. SAMSTAG

○ 16. SONNTAG

August

Woche 34

17.08.20 bis 23.08.20

M	D	M	D	F	S	S
					1	2
3	4	5	6	7	8	9
10	11	12	13	14	15	16
17	18	19	20	21	22	23
24	25	26	27	28	29	30
31						

○ 17. MONTAG

○ 18. DIENSTAG

○ 19. MITTWOCH

August

Woche 34

17.08.20 bis 23.08.20

M	D	M	D	F	S	S
					1	2
3	4	5	6	7	8	9
10	11	12	13	14	15	16
17	18	19	20	21	22	23
24	25	26	27	28	29	30
31						

○ 20. DONNERSTAG

○ 21. FREITAG

○ 22. SAMSTAG

○ 23. SONNTAG

August

Woche 35

24.08.20 bis 30.08.20

M	D	M	D	F	S	S
					1	2
3	4	5	6	7	8	9
10	11	12	13	14	15	16
17	18	19	20	21	22	23
24	25	26	27	28	29	30
31						

○ 24. MONTAG

○ 25. DIENSTAG

○ 26. MITTWOCH

August

Woche 35

24.08.20 bis 30.08.20

M	D	M	D	F	S	S
					1	2
3	4	5	6	7	8	9
10	11	12	13	14	15	16
17	18	19	20	21	22	23
24	25	26	27	28	29	30
31						

○ 27. DONNERSTAG

○ 28. FREITAG

○ 29. SAMSTAG

○ 30. SONNTAG

August

Woche 36

31.08.20 bis 06.09.20

M	D	M	D	F	S	S
					1	2
3	4	5	6	7	8	9
10	11	12	13	14	15	16
17	18	19	20	21	22	23
24	25	26	27	28	29	30
31						

○ 31. MONTAG

○ 1. DIENSTAG

○ 2. MITTWOCH

September

Woche 36

31.08.20 bis 06.09.20

M	D	M	D	F	S	S
	1	2	3	4	5	6
7	8	9	10	11	12	13
14	15	16	17	18	19	20
21	22	23	24	25	26	27
28	29	30				

○ 3. DONNERSTAG

○ 4. FREITAG

○ 5. SAMSTAG

○ 6. SONNTAG

September

Woche 37

07.09.20 bis 13.09.20

M	D	M	D	F	S	S
	1	2	3	4	5	6
7	8	9	10	11	12	13
14	15	16	17	18	19	20
21	22	23	24	25	26	27
28	29	30				

○ 7. MONTAG

○ 8. DIENSTAG

○ 9. MITTWOCH

September

Woche 37

07.09.20 bis 13.09.20

M	D	M	D	F	S	S
	1	2	3	4	5	6
7	8	9	10	11	12	13
14	15	16	17	18	19	20
21	22	23	24	25	26	27
28	29	30				

○ 10. DONNERSTAG

○ 11. FREITAG

○ 12. SAMSTAG

○ 13. SONNTAG

September

M	D	M	D	F	S	S
	1	2	3	4	5	6
7	8	9	10	11	12	13
14	15	16	17	18	19	20
21	22	23	24	25	26	27
28	29	30				

○ 14. MONTAG

○ 15. DIENSTAG

○ 16. MITTWOCH

September

Woche 38

14.09.20 bis 20.09.20

M	D	M	D	F	S	S
	1	2	3	4	5	6
7	8	9	10	11	12	13
14	15	16	17	18	19	20
21	22	23	24	25	26	27
28	29	30				

○ 17. DONNERSTAG

○ 18. FREITAG

○ 19. SAMSTAG

○ 20. SONNTAG

September

Woche 39

21.09.20 bis 27.09.20

M	D	M	D	F	S	S
	1	2	3	4	5	6
7	8	9	10	11	12	13
14	15	16	17	18	19	20
21	22	23	24	25	26	27
28	29	30				

○ **21. MONTAG**

○ **22. DIENSTAG**

○ **23. MITTWOCH**

September

Woche 39

21.09.20 bis 27.09.20

M	D	M	D	F	S	S
	1	2	3	4	5	6
7	8	9	10	11	12	13
14	15	16	17	18	19	20
21	22	23	24	25	26	27
28	29	30				

○ 24. DONNERSTAG

○ 25. FREITAG

○ 26. SAMSTAG

○ 27. SONNTAG

September

Woche 40

28.09.20 bis 04.10.20

M	D	M	D	F	S	S
	1	2	3	4	5	6
7	8	9	10	11	12	13
14	15	16	17	18	19	20
21	22	23	24	25	26	27
28	29	30				

○ 28. MONTAG

○ 29. DIENSTAG

○ 30. MITTWOCH

Oktober

Woche 40

28.09.20 bis 04.10.20

M	D	M	D	F	S	S
			1	2	3	4
5	6	7	8	9	10	11
12	13	14	15	16	17	18
19	20	21	22	23	24	25
26	27	28	29	30	31	

◯ 1. DONNERSTAG

◯ 2. FREITAG

◯ 3. SAMSTAG

◯ 4. SONNTAG

○ 5. MONTAG

○ 6. DIENSTAG

○ 7. MITTWOCH

Oktober

Woche 41

05.10.20 bis 11.10.20

M	D	M	D	F	S	S
			1	2	3	4
5	6	7	8	9	10	11
12	13	14	15	16	17	18
19	20	21	22	23	24	25
26	27	28	29	30	31	

○ 8. DONNERSTAG

○ 9. FREITAG

○ 10. SAMSTAG

○ 11. SONNTAG

Oktober

Woche 42

12.10.20 bis 18.10.20

M	D	M	D	F	S	S
			1	2	3	4
5	6	7	8	9	10	11
12	13	14	15	16	17	18
19	20	21	22	23	24	25
26	27	28	29	30	31	

○ 12. MONTAG

○ 13. DIENSTAG

○ 14. MITTWOCH

Oktober

Woche 42

12.10.20 bis 18.10.20

M	D	M	D	F	S	S
			1	2	3	4
5	6	7	8	9	10	11
12	13	14	15	16	17	18
19	20	21	22	23	24	25
26	27	28	29	30	31	

○ 15. DONNERSTAG

○ 16. FREITAG

○ 17. SAMSTAG

○ 18. SONNTAG

Oktober

Woche 43

19.10.20 bis 25.10.20

M	D	M	D	F	S	S
			1	2	3	4
5	6	7	8	9	10	11
12	13	14	15	16	17	18
19	20	21	22	23	24	25
26	27	28	29	30	31	

○ 19. MONTAG

○ 20. DIENSTAG

○ 21. MITTWOCH

Oktober

Woche 43

19.10.20 bis 25.10.20

M	D	M	D	F	S	S
			1	2	3	4
5	6	7	8	9	10	11
12	13	14	15	16	17	18
19	20	21	22	23	24	25
26	27	28	29	30	31	

○ 22. DONNERSTAG

○ 23. FREITAG

○ 24. SAMSTAG

○ 25. SONNTAG

Oktober

Woche 44

26.10.20 bis 01.11.20

M	D	M	D	F	S	S
			1	2	3	4
5	6	7	8	9	10	11
12	13	14	15	16	17	18
19	20	21	22	23	24	25
26	27	28	29	30	31	

○ **26. MONTAG**

○ **27. DIENSTAG**

○ **28. MITTWOCH**

Oktober

Woche 44

26.10.20 bis 01.11.20

M	D	M	D	F	S	S
			1	2	3	4
5	6	7	8	9	10	11
12	13	14	15	16	17	18
19	20	21	22	23	24	25
26	27	28	29	30	31	

○ 29. DONNERSTAG

○ 30. FREITAG

○ 31. SAMSTAG

○ 1. SONNTAG

November

Woche 45

02.11.20 bis 08.11.20

M	D	M	D	F	S	S
						1
2	3	4	5	6	7	8
9	10	11	12	13	14	15
16	17	18	19	20	21	22
23	24	25	26	27	28	29
30						

◯ 2. MONTAG

◯ 3. DIENSTAG

◯ 4. MITTWOCH

November

Woche 45

02.11.20 bis 08.11.20

M	D	M	D	F	S	S
						1
2	3	4	5	6	7	8
9	10	11	12	13	14	15
16	17	18	19	20	21	22
23	24	25	26	27	28	29
30						

○ 5. DONNERSTAG

○ 6. FREITAG

○ 7. SAMSTAG

○ 8. SONNTAG

November

Woche 46

09.11.20 bis 15.11.20

M	D	M	D	F	S	S
						1
2	3	4	5	6	7	8
9	10	11	12	13	14	15
16	17	18	19	20	21	22
23	24	25	26	27	28	29
30						

○ 9. MONTAG

○ 10. DIENSTAG

○ 11. MITTWOCH

November

Woche 46

09.11.20 bis 15.11.20

M	D	M	D	F	S	S
						1
2	3	4	5	6	7	8
9	10	11	12	13	14	15
16	17	18	19	20	21	22
23	24	25	26	27	28	29
30						

○ 12. DONNERSTAG

○ 13. FREITAG

○ 14. SAMSTAG

○ 15. SONNTAG

November

Woche 47

16.11.20 bis 22.11.20

M	D	M	D	F	S	S
						1
2	3	4	5	6	7	8
9	10	11	12	13	14	15
16	17	18	19	20	21	22
23	24	25	26	27	28	29
30						

○ 16. MONTAG

○ 17. DIENSTAG

○ 18. MITTWOCH

November

Woche 47

16.11.20 bis 22.11.20

M	D	M	D	F	S	S
						1
2	3	4	5	6	7	8
9	10	11	12	13	14	15
16	17	18	19	20	21	22
23	24	25	26	27	28	29
30						

○ 19. DONNERSTAG

○ 20. FREITAG

○ 21. SAMSTAG

○ 22. SONNTAG

November

Woche 48

23.11.20 bis 29.11.20

M	D	M	D	F	S	S
						1
2	3	4	5	6	7	8
9	10	11	12	13	14	15
16	17	18	19	20	21	22
23	24	25	26	27	28	29
30						

○ 23. MONTAG

○ 24. DIENSTAG

○ 25. MITTWOCH

November

Woche 48

23.11.20 bis 29.11.20

M	D	M	D	F	S	S
						1
2	3	4	5	6	7	8
9	10	11	12	13	14	15
16	17	18	19	20	21	22
23	24	25	26	27	28	29
30						

○ 26. DONNERSTAG

○ 27. FREITAG

○ 28. SAMSTAG

○ 29. SONNTAG

November

Woche 49

30.11.20 bis 06.12.20

M	D	M	D	F	S	S
						1
2	3	4	5	6	7	8
9	10	11	12	13	14	15
16	17	18	19	20	21	22
23	24	25	26	27	28	29
30						

○ 30. MONTAG

○ 1. DIENSTAG

○ 2. MITTWOCH

Dezember

Woche 49

30.11.20 bis 06.12.20

M	D	M	D	F	S	S
	1	2	3	4	5	6
7	8	9	10	11	12	13
14	15	16	17	18	19	20
21	22	23	24	25	26	27
28	29	30	31			

○ 3. DONNERSTAG

○ 4. FREITAG

○ 5. SAMSTAG

○ 6. SONNTAG

Dezember

Woche 50

07.12.20 bis 13.12.20

M	D	M	D	F	S	S
	1	2	3	4	5	6
7	8	9	10	11	12	13
14	15	16	17	18	19	20
21	22	23	24	25	26	27
28	29	30	31			

○ 7. MONTAG

○ 8. DIENSTAG

○ 9. MITTWOCH

Dezember

Woche 50

07.12.20 bis 13.12.20

M	D	M	D	F	S	S
	1	2	3	4	5	6
7	8	9	10	11	12	13
14	15	16	17	18	19	20
21	22	23	24	25	26	27
28	29	30	31			

○ 10. DONNERSTAG

○ 11. FREITAG

○ 12. SAMSTAG

○ 13. SONNTAG

Dezember

Woche 51

14.12.20 bis 20.12.20

M	D	M	D	F	S	S
	1	2	3	4	5	6
7	8	9	10	11	12	13
14	15	16	17	18	19	20
21	22	23	24	25	26	27
28	29	30	31			

○ 14. MONTAG

○ 15. DIENSTAG

○ 16. MITTWOCH

Dezember

Woche 51
14.12.20 bis 20.12.20

M	D	M	D	F	S	S
	1	2	3	4	5	6
7	8	9	10	11	12	13
14	15	16	17	18	19	20
21	22	23	24	25	26	27
28	29	30	31			

○ 17. DONNERSTAG

○ 18. FREITAG

○ 19. SAMSTAG

○ 20. SONNTAG

Dezember

Woche 52

21.12.20 bis 27.12.20

M	D	M	D	F	S	S
	1	2	3	4	5	6
7	8	9	10	11	12	13
14	15	16	17	18	19	20
21	22	23	24	25	26	27
28	29	30	31			

○ 21. MONTAG

○ 22. DIENSTAG

○ 23. MITTWOCH

Dezember

Woche 52

21.12.20 bis 27.12.20

M	D	M	D	F	S	S
	1	2	3	4	5	6
7	8	9	10	11	12	13
14	15	16	17	18	19	20
21	22	23	24	25	26	27
28	29	30	31			

○ 24. DONNERSTAG

○ 25. FREITAG

○ 26. SAMSTAG

○ 27. SONNTAG

Dezember

Woche 53

28.12.20 - 03.01.21

M	D	M	D	F	S	S
	1	2	3	4	5	6
7	8	9	10	11	12	13
14	15	16	17	18	19	20
21	22	23	24	25	26	27
28	29	30	31			

○ 28. MONTAG

○ 29. DIENSTAG

○ 30. MITTWOCH

Januar

Woche 53

28.12.20 - 03.01.21

M	D	M	D	F	S	S
				1	2	3
4	5	6	7	8	9	10
11	12	13	14	15	16	17
18	19	20	21	22	23	24
25	26	27	28	29	30	31

○ 31. DONNERSTAG

○ 1. FREITAG

○ 2. SAMSTAG

○ 3. SONNTAG

Januar

Woche 1

04.01.21 - 10.01.21

M	D	M	D	F	S	S
				1	2	3
4	5	6	7	8	9	10
11	12	13	14	15	16	17
18	19	20	21	22	23	24
25	26	27	28	29	30	31

◯ 4. MONTAG

◯ 5. DIENSTAG

◯ 6. MITTWOCH

Januar

Woche 1

04.01.21 - 10.01.21

M	D	M	D	F	S	S
				1	2	3
4	5	6	7	8	9	10
11	12	13	14	15	16	17
18	19	20	21	22	23	24
25	26	27	28	29	30	31

○ 7. DONNERSTAG

○ 8. FREITAG

○ 9. SAMSTAG

○ 10. SONNTAG

Januar

Woche 2

11.01.21 - 17.01.21

M	D	M	D	F	S	S
				1	2	3
4	5	6	7	8	9	10
11	12	13	14	15	16	17
18	19	20	21	22	23	24
25	26	27	28	29	30	31

◯ 11. MONTAG

◯ 12. DIENSTAG

◯ 13. MITTWOCH

Januar

Woche 2

11.01.21 - 17.01.21

M	D	M	D	F	S	S
				1	2	3
4	5	6	7	8	9	10
11	12	13	14	15	16	17
18	19	20	21	22	23	24
25	26	27	28	29	30	31

○ 14. DONNERSTAG

○ 15. FREITAG

○ 16. SAMSTAG

○ 17. SONNTAG

Januar

Woche 3

18.01.21 - 24.01.21

M	D	M	D	F	S	S
				1	2	3
4	5	6	7	8	9	10
11	12	13	14	15	16	17
18	19	20	21	22	23	24
25	26	27	28	29	30	31

○ 18. MONTAG

○ 19. DIENSTAG

○ 20. MITTWOCH

Januar

Woche 3
18.01.21 - 24.01.21

M	D	M	D	F	S	S
				1	2	3
4	5	6	7	8	9	10
11	12	13	14	15	16	17
18	19	20	21	22	23	24
25	26	27	28	29	30	31

◯ 21. DONNERSTAG

◯ 22. FREITAG

◯ 23. SAMSTAG

◯ 24. SONNTAG

Januar

Woche 4

25.01.21 - 31.01.21

M	D	M	D	F	S	S
				1	2	3
4	5	6	7	8	9	10
11	12	13	14	15	16	17
18	19	20	21	22	23	24
25	26	27	28	29	30	31

○ 25. MONTAG

○ 26. DIENSTAG

○ 27. MITTWOCH

Januar

Woche 4

25.01.21 - 31.01.21

M	D	M	D	F	S	S
				1	2	3
4	5	6	7	8	9	10
11	12	13	14	15	16	17
18	19	20	21	22	23	24
25	26	27	28	29	30	31

○ 28. DONNERSTAG

○ 29. FREITAG

○ 30. SAMSTAG

○ 31. SONNTAG

Februar

Woche 5

01.02.21 - 07.02.21

M	D	M	D	F	S	S
1	2	3	4	5	6	7
8	9	10	11	12	13	14
15	16	17	18	19	20	21
22	23	24	25	26	27	28

○ 1. MONTAG

○ 2. DIENSTAG

○ 3. MITTWOCH

Februar

Woche 5

01.02.21 - 07.02.21

M	D	M	D	F	S	S
1	2	3	4	5	6	7
8	9	10	11	12	13	14
15	16	17	18	19	20	21
22	23	24	25	26	27	28

○ 4. DONNERSTAG

○ 5. FREITAG

○ 6. SAMSTAG

○ 7. SONNTAG

Februar

M	D	M	D	F	S	S
1	2	3	4	5	6	7
8	9	10	11	12	13	14
15	16	17	18	19	20	21
22	23	24	25	26	27	28

○ 8. MONTAG

○ 9. DIENSTAG

○ 10. MITTWOCH

Februar

Woche 6

08.02.21 - 14.02.21

M	D	M	D	F	S	S
1	2	3	4	5	6	7
8	9	10	11	12	13	14
15	16	17	18	19	20	21
22	23	24	25	26	27	28

○ 11. DONNERSTAG

○ 12. FREITAG

○ 13. SAMSTAG

○ 14. SONNTAG

Februar

Woche 7
15.02.21 - 21.02.21

M	D	M	D	F	S	S
1	2	3	4	5	6	7
8	9	10	11	12	13	14
15	16	17	18	19	20	21
22	23	24	25	26	27	28

○ 15. MONTAG

○ 16. DIENSTAG

○ 17. MITTWOCH

Februar

Woche 7
15.02.21 - 21.02.21

M	D	M	D	F	S	S
1	2	3	4	5	6	7
8	9	10	11	12	13	14
15	16	17	18	19	20	21
22	23	24	25	26	27	28

○ 18. DONNERSTAG

○ 19. FREITAG

○ 20. SAMSTAG

○ 21. SONNTAG

Februar

Woche 8

22.02.21 - 28.02.21

M	D	M	D	F	S	S
1	2	3	4	5	6	7
8	9	10	11	12	13	14
15	16	17	18	19	20	21
22	23	24	25	26	27	28

○ 22. MONTAG

○ 23. DIENSTAG

○ 24. MITTWOCH

Februar

Woche 8
22.02.21 - 28.02.21

M	D	M	D	F	S	S
1	2	3	4	5	6	7
8	9	10	11	12	13	14
15	16	17	18	19	20	21
22	23	24	25	26	27	28

○ **25. DONNERSTAG**

○ **26. FREITAG**

○ **27. SAMSTAG**

○ **28. SONNTAG**

März

Woche 9

01.03.21 - 07.03.21

M	D	M	D	F	S	S
1	2	3	4	5	6	7
8	9	10	11	12	13	14
15	16	17	18	19	20	21
22	23	24	25	26	27	28
29	30	31				

○ 1. MONTAG

○ 2. DIENSTAG

○ 3. MITTWOCH

März

Woche 9
01.03.21 - 07.03.21

M	D	M	D	F	S	S
1	2	3	4	5	6	7
8	9	10	11	12	13	14
15	16	17	18	19	20	21
22	23	24	25	26	27	28
29	30	31				

○ 4. DONNERSTAG

○ 5. FREITAG

○ 6. SAMSTAG

○ 7. SONNTAG

März

Woche 10

08.03.21 - 14.03.21

M	D	M	D	F	S	S
1	2	3	4	5	6	7
8	9	10	11	12	13	14
15	16	17	18	19	20	21
22	23	24	25	26	27	28
29	30	31				

◯ 8. MONTAG

◯ 9. DIENSTAG

◯ 10. MITTWOCH

März

Woche 10
08.03.21 - 14.03.21

M	D	M	D	F	S	S
1	2	3	4	5	6	7
8	9	10	11	12	13	14
15	16	17	18	19	20	21
22	23	24	25	26	27	28
29	30	31				

○ 11. DONNERSTAG

○ 12. FREITAG

○ 13. SAMSTAG

○ 14. SONNTAG

März

Woche 11

15.03.21 - 21.03.21

M	D	M	D	F	S	S
1	2	3	4	5	6	7
8	9	10	11	12	13	14
15	16	17	18	19	20	21
22	23	24	25	26	27	28
29	30	31				

○ 15. MONTAG

○ 16. DIENSTAG

○ 17. MITTWOCH

März

Woche 11
15.03.21 - 21.03.21

M	D	M	D	F	S	S
1	2	3	4	5	6	7
8	9	10	11	12	13	14
15	16	17	18	19	20	21
22	23	24	25	26	27	28
29	30	31				

○ 18. DONNERSTAG

○ 19. FREITAG

○ 20. SAMSTAG

○ 21. SONNTAG

März

Woche 12

22.03.21 - 28.03.21

M	D	M	D	F	S	S
1	2	3	4	5	6	7
8	9	10	11	12	13	14
15	16	17	18	19	20	21
22	23	24	25	26	27	28
29	30	31				

○ 22. MONTAG

○ 23. DIENSTAG

○ 24. MITTWOCH

März

Woche 12

22.03.21 - 28.03.21

M	D	M	D	F	S	S
1	2	3	4	5	6	7
8	9	10	11	12	13	14
15	16	17	18	19	20	21
22	23	24	25	26	27	28
29	30	31				

○ 25. DONNERSTAG

○ 26. FREITAG

○ 27. SAMSTAG

○ 28. SONNTAG

März

Woche 13

29.03.21 - 04.04.21

M	D	M	D	F	S	S
1	2	3	4	5	6	7
8	9	10	11	12	13	14
15	16	17	18	19	20	21
22	23	24	25	26	27	28
29	30	31				

○ 29. MONTAG

○ 30. DIENSTAG

○ 31. MITTWOCH

April

Woche 13

29.03.21 - 04.04.21

M	D	M	D	F	S	S
			1	2	3	4
5	6	7	8	9	10	11
12	13	14	15	16	17	18
19	20	21	22	23	24	25
26	27	28	29	30		

○ 1. DONNERSTAG

○ 2. FREITAG

○ 3. SAMSTAG

○ 4. SONNTAG

April

Woche 14

05.04.21 - 11.04.21

M	D	M	D	F	S	S
			1	2	3	4
5	6	7	8	9	10	11
12	13	14	15	16	17	18
19	20	21	22	23	24	25
26	27	28	29	30		

○ 5. MONTAG

○ 6. DIENSTAG

○ 7. MITTWOCH

April

Woche 14

05.04.21 - 11.04.21

M	D	M	D	F	S	S
			1	2	3	4
5	6	7	8	9	10	11
12	13	14	15	16	17	18
19	20	21	22	23	24	25
26	27	28	29	30		

○ 8. DONNERSTAG

○ 9. FREITAG

○ 10. SAMSTAG

○ 11. SONNTAG

April

Woche 15

12.04.21 - 18.04.21

M	D	M	D	F	S	S
			1	2	3	4
5	6	7	8	9	10	11
12	13	14	15	16	17	18
19	20	21	22	23	24	25
26	27	28	29	30		

○ 12. MONTAG

○ 13. DIENSTAG

○ 14. MITTWOCH

April

Woche 15

12.04.21 - 18.04.21

M	D	M	D	F	S	S
			1	2	3	4
5	6	7	8	9	10	11
12	13	14	15	16	17	18
19	20	21	22	23	24	25
26	27	28	29	30		

○ 15. DONNERSTAG

○ 16. FREITAG

○ 17. SAMSTAG

○ 18. SONNTAG

April

Woche 16

19.04.21 - 25.04.21

M	D	M	D	F	S	S
			1	2	3	4
5	6	7	8	9	10	11
12	13	14	15	16	17	18
19	20	21	22	23	24	25
26	27	28	29	30		

○ 19. MONTAG

○ 20. DIENSTAG

○ 21. MITTWOCH

April

Woche 16

19.04.21 - 25.04.21

M	D	M	D	F	S	S
			1	2	3	4
5	6	7	8	9	10	11
12	13	14	15	16	17	18
19	20	21	22	23	24	25
26	27	28	29	30		

○ 22. DONNERSTAG

○ 23. FREITAG

○ 24. SAMSTAG

○ 25. SONNTAG

April

Woche 17

26.04.21 - 02.05.21

M	D	M	D	F	S	S
			1	2	3	4
5	6	7	8	9	10	11
12	13	14	15	16	17	18
19	20	21	22	23	24	25
26	27	28	29	30		

○ 26. MONTAG

○ 27. DIENSTAG

○ 28. MITTWOCH

April

Woche 17

26.04.21 - 02.05.21

M	D	M	D	F	S	S
			1	2	3	4
5	6	7	8	9	10	11
12	13	14	15	16	17	18
19	20	21	22	23	24	25
26	27	28	29	30		

○ 29. DONNERSTAG

○ 30. FREITAG

○ 1. SAMSTAG

○ 2. SONNTAG

Mai

Woche 18

03.05.21 - 09.05.21

M	D	M	D	F	S	S
					1	2
3	4	5	6	7	8	9
10	11	12	13	14	15	16
17	18	19	20	21	22	23
24	25	26	27	28	29	30
31						

○ 3. MONTAG

○ 4. DIENSTAG

○ 5. MITTWOCH

Mai

Woche 18

03.05.21 - 09.05.21

M	D	M	D	F	S	S
					1	2
3	4	5	6	7	8	9
10	11	12	13	14	15	16
17	18	19	20	21	22	23
24	25	26	27	28	29	30
31						

○ 6. DONNERSTAG

○ 7. FREITAG

○ 8. SAMSTAG

○ 9. SONNTAG

Mai

Woche 19

10.05.21 - 16.05.21

M	D	M	D	F	S	S
					1	2
3	4	5	6	7	8	9
10	11	12	13	14	15	16
17	18	19	20	21	22	23
24	25	26	27	28	29	30
31						

◯ 10. MONTAG

◯ 11. DIENSTAG

◯ 12. MITTWOCH

Mai

Woche 19
10.05.21 - 16.05.21

M	D	M	D	F	S	S
					1	2
3	4	5	6	7	8	9
10	11	12	13	14	15	16
17	18	19	20	21	22	23
24	25	26	27	28	29	30
31						

○ 13. DONNERSTAG

○ 14. FREITAG

○ 15. SAMSTAG

○ 16. SONNTAG

Mai

Woche 20

17.05.21 - 23.05.21

M	D	M	D	F	S	S
					1	2
3	4	5	6	7	8	9
10	11	12	13	14	15	16
17	18	19	20	21	22	23
24	25	26	27	28	29	30
31						

○ 17. MONTAG

○ 18. DIENSTAG

○ 19. MITTWOCH

Mai

Woche 20

17.05.21 - 23.05.21

M	D	M	D	F	S	S
					1	2
3	4	5	6	7	8	9
10	11	12	13	14	15	16
17	18	19	20	21	22	23
24	25	26	27	28	29	30
31						

○ 20. DONNERSTAG

○ 21. FREITAG

○ 22. SAMSTAG

○ 23. SONNTAG

Mai

Woche 21

24.05.21 - 30.05.21

M	D	M	D	F	S	S
					1	2
3	4	5	6	7	8	9
10	11	12	13	14	15	16
17	18	19	20	21	22	23
24	25	26	27	28	29	30
31						

○ 24. MONTAG

○ 25. DIENSTAG

○ 26. MITTWOCH

Mai

Woche 21

24.05.21 - 30.05.21

M	D	M	D	F	S	S
					1	2
3	4	5	6	7	8	9
10	11	12	13	14	15	16
17	18	19	20	21	22	23
24	25	26	27	28	29	30
31						

○ 27. DONNERSTAG

○ 28. FREITAG

○ 29. SAMSTAG

○ 30. SONNTAG

Mai

Woche 22

31.05.21 - 06.06.21

M	D	M	D	F	S	S
					1	2
3	4	5	6	7	8	9
10	11	12	13	14	15	16
17	18	19	20	21	22	23
24	25	26	27	28	29	30
31						

○ 31. MONTAG

○ 1. DIENSTAG

○ 2. MITTWOCH

Juni

Woche 22
31.05.21 - 06.06.21

M	D	M	D	F	S	S
	1	2	3	4	5	6
7	8	9	10	11	12	13
14	15	16	17	18	19	20
21	22	23	24	25	26	27
28	29	30				

○ 3. DONNERSTAG

○ 4. FREITAG

○ 5. SAMSTAG

○ 6. SONNTAG

Juni

Woche 23

07.06.21 - 13.06.21

M	D	M	D	F	S	S
	1	2	3	4	5	6
7	8	9	10	11	12	13
14	15	16	17	18	19	20
21	22	23	24	25	26	27
28	29	30				

◯ 7. MONTAG

◯ 8. DIENSTAG

◯ 9. MITTWOCH

Juni

Woche 23
07.06.21 - 13.06.21

M	D	M	D	F	S	S
	1	2	3	4	5	6
7	8	9	10	11	12	13
14	15	16	17	18	19	20
21	22	23	24	25	26	27
28	29	30				

◯ 10. DONNERSTAG

◯ 11. FREITAG

◯ 12. SAMSTAG

◯ 13. SONNTAG

Juni

Woche 24

14.06.21 - 20.06.21

M	D	M	D	F	S	S
	1	2	3	4	5	6
7	8	9	10	11	12	13
14	15	16	17	18	19	20
21	22	23	24	25	26	27
28	29	30				

○ 14. MONTAG

○ 15. DIENSTAG

○ 16. MITTWOCH

Juni

Woche 24

14.06.21 - 20.06.21

M	D	M	D	F	S	S
	1	2	3	4	5	6
7	8	9	10	11	12	13
14	15	16	17	18	19	20
21	22	23	24	25	26	27
28	29	30				

○ 17. DONNERSTAG

○ 18. FREITAG

○ 19. SAMSTAG

○ 20. SONNTAG

Juni

Woche 25

21.06.21 - 27.06.21

M	D	M	D	F	S	S
	1	2	3	4	5	6
7	8	9	10	11	12	13
14	15	16	17	18	19	20
21	22	23	24	25	26	27
28	29	30				

○ 21. MONTAG

○ 22. DIENSTAG

○ 23. MITTWOCH

Juni

Woche 25
21.06.21 - 27.06.21

M	D	M	D	F	S	S
	1	2	3	4	5	6
7	8	9	10	11	12	13
14	15	16	17	18	19	20
21	22	23	24	25	26	27
28	29	30				

○ 24. DONNERSTAG

○ 25. FREITAG

○ 26. SAMSTAG

○ 27. SONNTAG

Juni

Woche 26

28.06.21 - 04.07.21

M	D	M	D	F	S	S
	1	2	3	4	5	6
7	8	9	10	11	12	13
14	15	16	17	18	19	20
21	22	23	24	25	26	27
28	29	30				

○ 28. MONTAG

○ 29. DIENSTAG

○ 30. MITTWOCH

Juli

Woche 26

28.06.21 - 04.07.21

M	D	M	D	F	S	S
			1	2	3	4
5	6	7	8	9	10	11
12	13	14	15	16	17	18
19	20	21	22	23	24	25
26	27	28	29	30	31	

◯ 1. DONNERSTAG

◯ 2. FREITAG

◯ 3. SAMSTAG

◯ 4. SONNTAG

Juli

Woche 27

05.07.21 - 11.07.21

M	D	M	D	F	S	S
			1	2	3	4
5	6	7	8	9	10	11
12	13	14	15	16	17	18
19	20	21	22	23	24	25
26	27	28	29	30	31	

○ 5. MONTAG

○ 6. DIENSTAG

○ 7. MITTWOCH

Juli

Woche 27
05.07.21 - 11.07.21

M	D	M	D	F	S	S
			1	2	3	4
5	6	7	8	9	10	11
12	13	14	15	16	17	18
19	20	21	22	23	24	25
26	27	28	29	30	31	

○ 8. DONNERSTAG

○ 9. FREITAG

○ 10. SAMSTAG

○ 11. SONNTAG

Juli

M	D	M	D	F	S	S
			1	2	3	4
5	6	7	8	9	10	11
12	13	14	15	16	17	18
19	20	21	22	23	24	25
26	27	28	29	30	31	

○ 12. MONTAG

○ 13. DIENSTAG

○ 14. MITTWOCH

Juli

Woche 28
12.07.21 - 18.07.21

M	D	M	D	F	S	S
			1	2	3	4
5	6	7	8	9	10	11
12	13	14	15	16	17	18
19	20	21	22	23	24	25
26	27	28	29	30	31	

○ 15. DONNERSTAG

○ 16. FREITAG

○ 17. SAMSTAG

○ 18. SONNTAG

Juli

Woche 29
19.07.21 - 25.07.21

M	D	M	D	F	S	S
			1	2	3	4
5	6	7	8	9	10	11
12	13	14	15	16	17	18
19	20	21	22	23	24	25
26	27	28	29	30	31	

○ 19. MONTAG

○ 20. DIENSTAG

○ 21. MITTWOCH

Juli

M	D	M	D	F	S	S
			1	2	3	4
5	6	7	8	9	10	11
12	13	14	15	16	17	18
19	20	21	22	23	24	25
26	27	28	29	30	31	

○ 22. DONNERSTAG

○ 23. FREITAG

○ 24. SAMSTAG

○ 25. SONNTAG

Juli

Woche 30
26.07.21 - 01.08.21

M	D	M	D	F	S	S
			1	2	3	4
5	6	7	8	9	10	11
12	13	14	15	16	17	18
19	20	21	22	23	24	25
26	27	28	29	30	31	

○ 26. MONTAG

○ 27. DIENSTAG

○ 28. MITTWOCH

Juli

Woche 30
26.07.21 - 01.08.21

M	D	M	D	F	S	S
			1	2	3	4
5	6	7	8	9	10	11
12	13	14	15	16	17	18
19	20	21	22	23	24	25
26	27	28	29	30	31	

○ 29. DONNERSTAG

○ 30. FREITAG

○ 31. SAMSTAG

○ 1. SONNTAG

August

Woche 31

02.08.21 - 08.08.21

M	D	M	D	F	S	S
						1
2	3	4	5	6	7	8
9	10	11	12	13	14	15
16	17	18	19	20	21	22
23	24	25	26	27	28	29
30	31					

○ 2. MONTAG

○ 3. DIENSTAG

○ 4. MITTWOCH

August

Woche 31

02.08.21 - 08.08.21

M	D	M	D	F	S	S
						1
2	3	4	5	6	7	8
9	10	11	12	13	14	15
16	17	18	19	20	21	22
23	24	25	26	27	28	29
30	31					

○ 5. DONNERSTAG

○ 6. FREITAG

○ 7. SAMSTAG

○ 8. SONNTAG

August

Woche 32
09.08.21 - 15.08.21

M	D	M	D	F	S	S
						1
2	3	4	5	6	7	8
9	10	11	12	13	14	15
16	17	18	19	20	21	22
23	24	25	26	27	28	29
30	31					

○ 9. MONTAG

○ 10. DIENSTAG

○ 11. MITTWOCH

August

Woche 32

09.08.21 - 15.08.21

M	D	M	D	F	S	S
						1
2	3	4	5	6	7	8
9	10	11	12	13	14	15
16	17	18	19	20	21	22
23	24	25	26	27	28	29
30	31					

○ 12. DONNERSTAG

○ 13. FREITAG

○ 14. SAMSTAG

○ 15. SONNTAG

August

Woche 33

16.08.21 - 22.08.21

M	D	M	D	F	S	S
						1
2	3	4	5	6	7	8
9	10	11	12	13	14	15
16	17	18	19	20	21	22
23	24	25	26	27	28	29
30	31					

○ 16. MONTAG

○ 17. DIENSTAG

○ 18. MITTWOCH

August

Woche 33
16.08.21 - 22.08.21

M	D	M	D	F	S	S
						1
2	3	4	5	6	7	8
9	10	11	12	13	14	15
16	17	18	19	20	21	22
23	24	25	26	27	28	29
30	31					

○ 19. DONNERSTAG

○ 20. FREITAG

○ 21. SAMSTAG

○ 22. SONNTAG

August

Woche 34

23.08.21 - 29.08.21

M	D	M	D	F	S	S
						1
2	3	4	5	6	7	8
9	10	11	12	13	14	15
16	17	18	19	20	21	22
23	24	25	26	27	28	29
30	31					

○ **23. MONTAG**

○ **24. DIENSTAG**

○ **25. MITTWOCH**

August

Woche 34
23.08.21 - 29.08.21

M	D	M	D	F	S	S
						1
2	3	4	5	6	7	8
9	10	11	12	13	14	15
16	17	18	19	20	21	22
23	24	25	26	27	28	29
30	31					

○ **26. DONNERSTAG**

○ **27. FREITAG**

○ **28. SAMSTAG**

○ **29. SONNTAG**

August

Woche 35

30.08.21 - 05.09.21

M	D	M	D	F	S	S
						1
2	3	4	5	6	7	8
9	10	11	12	13	14	15
16	17	18	19	20	21	22
23	24	25	26	27	28	29
30	31					

○ 30. MONTAG

○ 31. DIENSTAG

○ 1. MITTWOCH

September

Woche 35

30.08.21 - 05.09.21

M	D	M	D	F	S	S
		1	2	3	4	5
6	7	8	9	10	11	12
13	14	15	16	17	18	19
20	21	22	23	24	25	26
27	28	29	30			

○ 2. DONNERSTAG

○ 3. FREITAG

○ 4. SAMSTAG

○ 5. SONNTAG

September

Woche 36
06.09.21 - 12.09.21

M	D	M	D	F	S	S
		1	2	3	4	5
6	7	8	9	10	11	12
13	14	15	16	17	18	19
20	21	22	23	24	25	26
27	28	29	30			

○ 6. MONTAG

○ 7. DIENSTAG

○ 8. MITTWOCH

September

Woche 36
06.09.21 - 12.09.21

M	D	M	D	F	S	S
		1	2	3	4	5
6	7	8	9	10	11	12
13	14	15	16	17	18	19
20	21	22	23	24	25	26
27	28	29	30			

○ 9. DONNERSTAG

○ 10. FREITAG

○ 11. SAMSTAG

○ 12. SONNTAG

September

Woche 37

13.09.21 - 19.09.21

M	D	M	D	F	S	S
		1	2	3	4	5
6	7	8	9	10	11	12
13	14	15	16	17	18	19
20	21	22	23	24	25	26
27	28	29	30			

○ 13. MONTAG

○ 14. DIENSTAG

○ 15. MITTWOCH

September

Woche 37
13.09.21 - 19.09.21

M	D	M	D	F	S	S
		1	2	3	4	5
6	7	8	9	10	11	12
13	14	15	16	17	18	19
20	21	22	23	24	25	26
27	28	29	30			

○ 16. DONNERSTAG

○ 17. FREITAG

○ 18. SAMSTAG

○ 19. SONNTAG

September

Woche 38

20.09.21 - 26.09.21

M	D	M	D	F	S	S
		1	2	3	4	5
6	7	8	9	10	11	12
13	14	15	16	17	18	19
20	21	22	23	24	25	26
27	28	29	30			

○ 20. MONTAG

○ 21. DIENSTAG

○ 22. MITTWOCH

September

Woche 38

20.09.21 - 26.09.21

M	D	M	D	F	S	S
		1	2	3	4	5
6	7	8	9	10	11	12
13	14	15	16	17	18	19
20	21	22	23	24	25	26
27	28	29	30			

○ 23. DONNERSTAG

○ 24. FREITAG

○ 25. SAMSTAG

○ 26. SONNTAG

September

Woche 39
27.09.21 - 03.10.21

M	D	M	D	F	S	S
		1	2	3	4	5
6	7	8	9	10	11	12
13	14	15	16	17	18	19
20	21	22	23	24	25	26
27	28	29	30			

○ 27. MONTAG

○ 28. DIENSTAG

○ 29. MITTWOCH

Oktober

Woche 39
27.09.21 - 03.10.21

M	D	M	D	F	S	S
				1	2	3
4	5	6	7	8	9	10
11	12	13	14	15	16	17
18	19	20	21	22	23	24
25	26	27	28	29	30	31

○ 30. DONNERSTAG

○ 1. FREITAG

○ 2. SAMSTAG

○ 3. SONNTAG

Oktober

Woche 40
04.10.21 - 10.10.21

M	D	M	D	F	S	S
				1	2	3
4	5	6	7	8	9	10
11	12	13	14	15	16	17
18	19	20	21	22	23	24
25	26	27	28	29	30	31

○ 4. MONTAG

○ 5. DIENSTAG

○ 6. MITTWOCH

Oktober

Woche 40
04.10.21 - 10.10.21

M	D	M	D	F	S	S
				1	2	3
4	5	6	7	8	9	10
11	12	13	14	15	16	17
18	19	20	21	22	23	24
25	26	27	28	29	30	31

○ 7. DONNERSTAG

○ 8. FREITAG

○ 9. SAMSTAG

○ 10. SONNTAG

Oktober

Woche 41
11.10.21 - 17.10.21

M	D	M	D	F	S	S
				1	2	3
4	5	6	7	8	9	10
11	12	13	14	15	16	17
18	19	20	21	22	23	24
25	26	27	28	29	30	31

○ 11. MONTAG

○ 12. DIENSTAG

○ 13. MITTWOCH

Oktober

Woche 41
11.10.21 - 17.10.21

M	D	M	D	F	S	S
				1	2	3
4	5	6	7	8	9	10
11	12	13	14	15	16	17
18	19	20	21	22	23	24
25	26	27	28	29	30	31

○ 14. DONNERSTAG

○ 15. FREITAG

○ 16. SAMSTAG

○ 17. SONNTAG

M	D	M	D	F	S	S
				1	2	3
4	5	6	7	8	9	10
11	12	13	14	15	16	17
18	19	20	21	22	23	24
25	26	27	28	29	30	31

○ 18. MONTAG

○ 19. DIENSTAG

○ 20. MITTWOCH

Oktober

Woche 42

18.10.21 - 24.10.21

M	D	M	D	F	S	S
				1	2	3
4	5	6	7	8	9	10
11	12	13	14	15	16	17
18	19	20	21	22	23	24
25	26	27	28	29	30	31

○ 21. DONNERSTAG

○ 22. FREITAG

○ 23. SAMSTAG

○ 24. SONNTAG

M	D	M	D	F	S	S
				1	2	3
4	5	6	7	8	9	10
11	12	13	14	15	16	17
18	19	20	21	22	23	24
25	26	27	28	29	30	31

○ **25. MONTAG**

○ **26. DIENSTAG**

○ **27. MITTWOCH**

Oktober

Woche 43
25.10.21 - 31.10.21

M	D	M	D	F	S	S
				1	2	3
4	5	6	7	8	9	10
11	12	13	14	15	16	17
18	19	20	21	22	23	24
25	26	27	28	29	30	31

◯ 28. DONNERSTAG

◯ 29. FREITAG

◯ 30. SAMSTAG

◯ 31. SONNTAG

November

Woche 44

01.11.21 - 07.11.21

M	D	M	D	F	S	S
1	2	3	4	5	6	7
8	9	10	11	12	13	14
15	16	17	18	19	20	21
22	23	24	25	26	27	28
29	30					

○ 1. MONTAG

○ 2. DIENSTAG

○ 3. MITTWOCH

November

Woche 44

01.11.21 - 07.11.21

M	D	M	D	F	S	S
1	2	3	4	5	6	7
8	9	10	11	12	13	14
15	16	17	18	19	20	21
22	23	24	25	26	27	28
29	30					

○ 4. DONNERSTAG

○ 5. FREITAG

○ 6. SAMSTAG

○ 7. SONNTAG

November

Woche 45

08.11.21 - 14.11.21

M	D	M	D	F	S	S
1	2	3	4	5	6	7
8	9	10	11	12	13	14
15	16	17	18	19	20	21
22	23	24	25	26	27	28
29	30					

○ 8. MONTAG

○ 9. DIENSTAG

○ 10. MITTWOCH

November

Woche 45
08.11.21 - 14.11.21

M	D	M	D	F	S	S
1	2	3	4	5	6	7
8	9	10	11	12	13	14
15	16	17	18	19	20	21
22	23	24	25	26	27	28
29	30					

○ 11. DONNERSTAG

○ 12. FREITAG

○ 13. SAMSTAG

○ 14. SONNTAG

November

Woche 46

15.11.21 - 21.11.21

M	D	M	D	F	S	S
1	2	3	4	5	6	7
8	9	10	11	12	13	14
15	16	17	18	19	20	21
22	23	24	25	26	27	28
29	30					

○ 15. MONTAG

○ 16. DIENSTAG

○ 17. MITTWOCH

November

Woche 46

15.11.21 - 21.11.21

M	D	M	D	F	S	S
1	2	3	4	5	6	7
8	9	10	11	12	13	14
15	16	17	18	19	20	21
22	23	24	25	26	27	28
29	30					

○ 18. DONNERSTAG

○ 19. FREITAG

○ 20. SAMSTAG

○ 21. SONNTAG

November

Woche 47

22.11.21 - 28.11.21

M	D	M	D	F	S	S
1	2	3	4	5	6	7
8	9	10	11	12	13	14
15	16	17	18	19	20	21
22	23	24	25	26	27	28
29	30					

○ 22. MONTAG

○ 23. DIENSTAG

○ 24. MITTWOCH

November

Woche 47

22.11.21 - 28.11.21

M	D	M	D	F	S	S
1	2	3	4	5	6	7
8	9	10	11	12	13	14
15	16	17	18	19	20	21
22	23	24	25	26	27	28
29	30					

○ 25. DONNERSTAG

○ 26. FREITAG

○ 27. SAMSTAG

○ 28. SONNTAG

November

Woche 48

29.11.21 - 05.12.21

M	D	M	D	F	S	S
1	2	3	4	5	6	7
8	9	10	11	12	13	14
15	16	17	18	19	20	21
22	23	24	25	26	27	28
29	30					

○ 29. MONTAG

○ 30. DIENSTAG

○ 1. MITTWOCH

Dezember

Woche 48

29.11.21 - 05.12.21

M	D	M	D	F	S	S
		1	2	3	4	5
6	7	8	9	10	11	12
13	14	15	16	17	18	19
20	21	22	23	24	25	26
27	28	29	30	31		

○ 2. DONNERSTAG

○ 3. FREITAG

○ 4. SAMSTAG

○ 5. SONNTAG

Dezember

Woche 49

06.12.21 - 12.12.21

M	D	M	D	F	S	S
		1	2	3	4	5
6	7	8	9	10	11	12
13	14	15	16	17	18	19
20	21	22	23	24	25	26
27	28	29	30	31		

○ 6. MONTAG

○ 7. DIENSTAG

○ 8. MITTWOCH

Dezember

Woche 49
06.12.21 - 12.12.21

M	D	M	D	F	S	S
		1	2	3	4	5
6	7	8	9	10	11	12
13	14	15	16	17	18	19
20	21	22	23	24	25	26
27	28	29	30	31		

○ 9. DONNERSTAG

○ 10. FREITAG

○ 11. SAMSTAG

○ 12. SONNTAG

Dezember

Woche 50
13.12.21 - 19.12.21

M	D	M	D	F	S	S
		1	2	3	4	5
6	7	8	9	10	11	12
13	14	15	16	17	18	19
20	21	22	23	24	25	26
27	28	29	30	31		

○ 13. MONTAG

○ 14. DIENSTAG

○ 15. MITTWOCH

Dezember

Woche 50

13.12.21 - 19.12.21

M	D	M	D	F	S	S
		1	2	3	4	5
6	7	8	9	10	11	12
13	14	15	16	17	18	19
20	21	22	23	24	25	26
27	28	29	30	31		

○ 16. DONNERSTAG

○ 17. FREITAG

○ 18. SAMSTAG

○ 19. SONNTAG

Dezember

Woche 51

20.12.21 - 26.12.21

M	D	M	D	F	S	S
		1	2	3	4	5
6	7	8	9	10	11	12
13	14	15	16	17	18	19
20	21	22	23	24	25	26
27	28	29	30	31		

○ 20. MONTAG

○ 21. DIENSTAG

○ 22. MITTWOCH

Dezember

Woche 51
20.12.21 - 26.12.21

M	D	M	D	F	S	S
		1	2	3	4	5
6	7	8	9	10	11	12
13	14	15	16	17	18	19
20	21	22	23	24	25	26
27	28	29	30	31		

○ 23. DONNERSTAG

○ 24. FREITAG

○ 25. SAMSTAG

○ 26. SONNTAG

Dezember

Woche 52

27.12.21 - 02.01.22

M	D	M	D	F	S	S
		1	2	3	4	5
6	7	8	9	10	11	12
13	14	15	16	17	18	19
20	21	22	23	24	25	26
27	28	29	30	31		

○ 27. MONTAG

○ 28. DIENSTAG

○ 29. MITTWOCH

Dezember

Woche 52

27.12.21 - 02.01.22

M	D	M	D	F	S	S
		1	2	3	4	5
6	7	8	9	10	11	12
13	14	15	16	17	18	19
20	21	22	23	24	25	26
27	28	29	30	31		

○ 30. DONNERSTAG

○ 31. FREITAG

○ 1. SAMSTAG

○ 2. SONNTAG

Edgar Rusch-Kiehlstr.21
61381 Friedrichsdorf